SingLiesel

MIX
Papier | Fördert gute Waldnutzung
FSC® C014138
FSC www.fsc.org

Satz: Satz für Satz, Wangen im Allgäu

Druck: FINIDR, s.r.o.
Printed in Czech Republic

ISBN 978-3-944360-61-4

6. Auflage

info@singliesel.de, www.singliesel.de

Bildnachweise:
Blumen: Gizele/Shutterstock.com
Cover-Foto: Ruslan Guzov/Shutterstock.com

Natali Mallek – Annika Schneider

GESCHICHTEN ZUM BEWEGEN

Bewegungsgeschichten mit Tüchern

Das Sonnenblumenfeld 10
Brombeeren oder Himbeeren? 12
Einen Tee bitte! 14
Rotwein und Weißwein 16
So viel Eis! 18
Silber ist nur fast Gold 20
Schneeweißchen und Rosenrot 22
Das Eigelb 24
Blaumachen 26
Auf dem Rummel 28
Sternzeichen 30
Auf See 32
Kerzenschein 34
Schaffner für einen Tag 36
Der graue Panther 38

Klassische Bewegungsgeschichten

Auf dem Markt 42
Runder Geburtstag 46
Ein Tag mit Bernd, dem Briefträger 50
Kaffeeklatsch 54
Vögel füttern 58
Zum Weinfest geladen 60
Muscheln sammeln 64
Spaziergang im Schnee 66
Eine Autofahrt 69

Bewegungsgeschichten rund um Körperteile

Mit Händen und Füßen 72
Maria und die Vierbeiner 74
Zwei linke Hände 76
Die erste Fahrt 78

Einführung

Bewegungsgeschichten machen Spaß, halten fit und fördern die Aufmerksamkeit und die Reaktionsfähigkeit. Je nach den Möglichkeiten Ihrer Teilnehmer können alle Bewegungen im Stehen oder auch im Sitzen ausgeführt werden. Dazu bietet sich ein Stuhlkreis an.

Lesen Sie die Geschichten langsam und deutlich vor. Sie können die angegebenen Signalwörter zunächst besonders betonen und vielleicht auch selbst die passende Bewegung dazu vormachen. So können Ihre Zuhörer leichter reagieren. Sind die Teilnehmer dann schon ein wenig geübter, brauchen sie diese Hilfen vielleicht nicht mehr.

Bevor Sie Bewegungsgeschichten einsetzen, gehen Sie sicher, dass bei den Teilnehmerinnen und Teilnehmern keine ärztlichen Einwände gegen bestimmte Bewegungen oder die Teilnahme an Bewegungsangeboten bestehen. Von Dreh- und Rotationsbewegungen wird häufig abgeraten. Passen Sie die Bewegungsgeschichten immer an die Bedürfnisse und Möglichkeiten Ihrer Teilnehmer an.

Viel Freude mit den Bewegungsgeschichten wünschen

Natali Mallek und Annika Schneider

BEWEGUNGSGESCHICHTEN MIT TÜCHERN

Für diese Bewegungsgeschichten benötigen Sie für die Teilnehmer Tücher oder Servietten in den angegebenen Farben. Lesen Sie die Geschichte langsam und deutlich vor. Immer wenn ein Signalwort vorkommt, halten die Teilnehmer das entsprechende Tuch hoch. Die Signalwörter werden zu Beginn der Geschichte aufgeführt. Im Text sind sie jeweils farbig hervorgehoben.

Bei zwei Tücherfarben können Sie die Gruppe entweder teilen und jeder Gruppe eine Farbe zuordnen (einfache Variante). Oder Sie geben jedem Teilnehmer zwei Tücher in den verschiedenen Farben (schwierige Variante).

Bei mehr als zwei Tüchern muss die Gruppe geteilt werden. In fitten Gruppen können die Teilnehmer außerdem zwei verschiedene Tücher bekommen. Schwieriger wird es auch, wenn die Teilnehmer mit den gleichen Tuchfarben nicht nebeneinander sitzen.

DAS SONNENBLUMENFELD

Tuchfarbe: gelb
Signalwort: Sonnenblumen

Ich liebe Sonnenblumen, und in diesem Jahr habe ich mir etwas ganz Besonderes vorgenommen. In einer kleinen Ecke von unserem großen Bauerngarten habe ich ein kleines Sonnenblumen-Feld angelegt. Im Frühling habe ich die Erde für das Sonnenblumen-Feld aufgelockert. Dann habe ich Sonnenblumen-Samen gekauft und die Samen der Sonnenblumen in kleinen Töpfen vorgezogen. Dafür habe ich die kleinen Töpfe mit Erde befüllt und jeweils einen Sonnenblumen-Samen in die Erde gedrückt. Die Sonnenblumen-Samen habe ich gut gewässert. Es hat mir großen Spaß gemacht zuzuschauen, wie die kleinen Sonnenblumen-Pflanzen ihre ersten Blättchen aus der Erde streckten.

Als die Sonnenblumen-Pflanzen dann stark genug waren, habe ich sie mitsamt der Erde aus den kleinen Töpfen genommen und in das vorbereitete Sonnenblumen-Feld gesetzt. Anschließend bin ich jeden Tag zu meinem kleinen Sonnenblumen-Feld gegangen und habe den Sonnenblumen beim Wachsen zugesehen. Die Sonnenblumen-Pflänzchen wurden jeden Tag größer. Und irgendwann fingen auch die Blüten der Sonnenblumen an, sich zu entwickeln. Natürlich waren sie erst noch geschlossen und klein. Doch auch die Blüten der Sonnenblumen wurden Tag für Tag größer.
Und schließlich, nachdem ich meine Sonnenblumen genug

gepflegt und gehegt hatte, war es so weit: Die erste Sonnenblume öffnete ihre Blüte. In den folgenden Tagen folgten immer mehr Sonnenblumen, und jetzt ist mein Sonnenblumen-Feld voll erblüht.
Ich kann mich stundenlang vor mein Sonnenblumen-Feld setzen und die schönen Sonnenblumen bewundern. Und nicht nur ich liebe die Sonnenblumen. Seit die Samen der Sonnenblumen reif sind, wird mein Sonnenblumen-Feld von Scharen von Vögeln bevölkert. Die Vögel picken die Sonnenblumen-Kerne aus den Sonnenblumen-Blüten. Und auch andere Tiere lieben meine Sonnenblumen. Ich habe mich ganz besonders über eine kleine Eichhörnchen-Familie gefreut, die sich ebenfalls die Sonnenblumen-Kerne aus den Sonnenblumen holte.

Es war eine gute Idee, das Sonnenblumen-Feld anzulegen. Die Sonnenblumen erfreuen mein Herz, und wenn die Sonnenblumen auch noch Tiere glücklich machen, macht mich das ebenfalls sehr glücklich.

BROMBEEREN ODER HIMBEEREN?

Tuchfarben: rot, schwarz
Signalwörter: Himbeere (rot), Brombeere (schwarz)

In unserem Garten haben wir eine Ecke für Beeren reserviert. Neben Stachelbeeren und Johannisbeeren wachsen dort auch Himbeeren und Brombeeren. Ich mag sowohl Himbeeren als auch Brombeeren wirklich gern. Die Himbeeren nasche ich am liebsten direkt vom Strauch. Ich liebe es, wenn der süße, vollmundige Geschmack der Himbeeren in meinem Mund explodiert.

Manchmal esse ich auch die Brombeeren direkt vom Strauch. Die Brombeeren sind nicht ganz so süß, aber auch unglaublich lecker. Für meinen Mann stelle ich immer ein Schälchen Zucker neben die Brombeeren. Ihm sind die Beeren sonst zu sauer. Er isst lieber die Himbeeren.

Wir lieben allerdings beide gleichermaßen unsere Himbeer-Brombeer-Torte und backen sie gerne, wenn Gäste eingeladen sind. Für die Torte wird ein Biskuit-Boden in drei Lagen geschnitten. Auf die unterste Lage wird eine Schicht Brombeer-Joghurt gestrichen. Der Brombeer-Joghurt wird mit einer Schicht Brombeeren belegt. Auf die Schicht Brombeeren wird die zweite Lage des Biskuit-Bodens gelegt.

Die zweite Lage wird mit einer Schicht Himbeer-Joghurt bestrichen. Der Himbeer-Joghurt wird wiederum mit einer

Schicht Himbeeren belegt und mit der dritten Lage des Biskuit-Bodens abgedeckt. Die Torte wird außen herum mit einer Mischung aus Himbeer- und Brombeer-Joghurt bestrichen. Oben wird die Torte mit Himbeeren und Brombeeren belegt. Beim Belegen der Himbeer-Brombeer-Torte achte ich immer darauf, abwechselnd eine Himbeere und eine Brombeere zu nehmen. Das ergibt ein wunderschönes Muster.

Zu unserer Himbeer-Brombeer-Torte serviere ich am liebsten selbst gemachte Limonade. Die meisten unserer Gäste entscheiden sich für die süße Himbeer-Limonade. Ich trinke allerdings am liebsten die etwas säuerliche Brombeer-Limonade.

Mit Himbeer-Brombeer-Torte und Brombeer- und Himbeer-Limonade wird es dann ein richtiges Himbeer-Brombeer-Fest.

EINEN TEE BITTE!

Tuchfarbe: grün
Signalwort: Tee

Ich liebe Tee. Tee hilft immer. Ob bei Kopfschmerzen, bei Halsschmerzen, bei Bauchschmerzen oder bei Einschlafproblemen: Ich habe immer den richtigen Tee dabei.

Gestern war ein anstrengender Tag. Ein Tag, an dem ich sehr viel Tee getrunken habe. Es begann beim Aufstehen. Der Wecker klingelte, und ich war noch sehr müde. Um wach zu werden, kochte ich mir einen starken schwarzen Tee. Der hat meine Lebensgeister geweckt. Doch bevor ich das Haus verlassen konnte, bemerkte ich ein leichtes Kratzen im Hals. Damit aus dem Kratzen keine Halsschmerzen werden konnten, kochte ich mir schnell eine Tasse Salbei-Tee. Die half sofort, und das Kratzen verschwand.

Dann besuchte ich meine Freundin. Wir plauschten und tauschten die neusten Neuigkeiten aus. Ich blieb zum Mittagessen. Meine Freundin hatte Sauerkraut gekocht. Da mein Darm sehr empfindlich auf Sauerkraut reagiert, bat ich meine Freundin, mir zum Essen eine Tasse Fenchel-Tee aufzubrühen. So konnte ich sie vor unangenehmen Pups-Geräuschen und -Gerüchen verschonen. Fenchel-Tee ist in diesen Fällen ein echter Geheimtipp.
Als ich mich verabschiedete, ging es meinem Darm zwar gut, aber dafür bekam ich Sodbrennen. Ich fuhr zum nächsten

Café und bestellte mir eine Tasse Kamillen-Tee. Der Kamillen-Tee schlug an, und mein Sodbrennen verschwand. Ich konnte in Ruhe nach Hause fahren.

Nach dem aufregenden Tag fiel es mir schwer einzuschlafen. In solchen Fällen trinke ich normalerweise Lavendel-Tee. Leider hatte ich keinen Lavendel-Tee mehr im Haus. Also trank ich warme Milch mit Honig. Die machte mich sofort müde. Manchmal geht es auch ohne Tee.

ROTWEIN UND WEISSWEIN ...

Tuchfarben: rot, weiß
Signalwörter: Rotwein (rot), Weißwein (weiß), Wein (rot und weiß)

Es gibt viele Menschen, die gerne Wein trinken. Die einen trinken gerne Rotwein, die anderen lieber Weißwein. Geschmäcker sind ja bekanntlich verschieden.

Rotwein kenne ich von früher noch von Festtagen. Da gab es Braten mit Rotwein und dazu Rotkohl und frisch gemachte Semmelknödel. Das war lecker!

Weißwein gab es oft zu Fischgerichten. Meine Mutter sagte früher immer, das sind eher leichtere Gerichte, die liegen nicht so schwer im Magen. Und Weißwein sei auch ein leichter Wein.

Da ich zu dieser Zeit noch ein Kind war und keinen Wein trank, konnte ich nicht sagen, ob Weißwein oder Rotwein schwerer war – aber ich glaubte meiner Mutter.

Heute kann ich ihre Ansicht bestätigen. Ich selbst mag Weißwein lieber als Rotwein. Mein Vater trinkt Rotwein lieber als Weißwein – aber Geschmäcker sind ja, wie gesagt, verschieden.
Mittlerweile bin ich eine leidenschaftliche Köchin geworden. Ich koche oft auch mit Wein. In meinem Kochbuch ste-

hen Rezepte mit Rotwein und mit Weißwein. Viele dieser Weinrezepte habe ich schon ausprobiert – und sie sind sogar bei meinen Freunden, die echte Weinkenner sind, sehr gut angekommen.

Die Leidenschaft fürs Kochen habe ich wahrscheinlich von meiner Oma. Auch sie kocht gern Gerichte mit Rotwein und Weißwein. Ihre Weincreme ist bei allen in der Familie beliebt. Sie hat sogar zwei Rezepte für Weincreme. Ein Rezept wird mit Rotwein gemacht und das andere mit Weißwein. Welche dieser Weincremes besser schmeckt, kann keiner sagen. Sie sind beide sooo gut!

Morgen ist wieder die ganze Familie bei meiner Oma versammelt. Und alle freuen sich auf Fisch in Weißwein-Soße, Braten mit Rotwein-Soße und die beliebte Weincreme. Das wird ein Fest! Man könnte sagen, ein Weinfest!

SO VIEL EIS!

Tuchfarben: rot, gelb, braun
Signalwörter: Erdbeere, Erdbeer-Eis (rot), Vanille, Vanille-Eis (gelb), Schokolade, Schokoladen-Eis (braun)

Es ist ein warmer Sommertag, und Fritz ist zu Besuch bei seiner Oma Frieda. Fritz ist ein kleines Schlemmermaul und isst gern Eis. Ob Erdbeer, Vanille oder Schokolade – das ist ihm ganz egal. Oma Frieda hat natürlich immer eine kleine Auswahl an Eis im Tiefkühlschrank. Sie selbst isst am liebsten Vanille-Eis. Ihr Mann, Opa Heinrich, mag am liebsten Schokoladen-Eis. Aber sie hat auch Erdbeer-Eis vorrätig. Bei besonderen Anlässen serviert sie Fürst-Pückler-Eis, da hat man Erdbeer-, Vanille- und Schokoladen-Eis zusammen.

Heute bekommt Fritz aber kein Schokoladen-Eis, kein Vanille-Eis und kein Erdbeer-Eis aus Omas Tiefkühltruhe. Heute gehen die beiden zusammen mit Opa Heinrich in die Eisdiele. In der Eisdiele gibt es viele Eis-Sorten: Zitronen-Eis, Blaubeer-Eis, Erdbeer-Eis, Mango-Eis, Schlumpf-Eis, Waldmeister-Eis, Gummibär-Eis, Vanille-Eis, Cappuccino-Eis, Walnuss-Eis, Pistazien-Eis, Schokoladen-Eis und Kaffee-Eis.

Bei so vielen Eis-Sorten fällt die Auswahl schwer. Schließlich können die drei sich aber doch entscheiden. Oma Frieda bestellt sich ein Spaghetti-Eis. Für das Spaghetti-Eis wird Vanille-Eis durch eine Presse gedrückt, damit es aussieht wie Spaghetti. Dann wird Erdbeersoße darauf verteilt, und Späne von weißer Schokolade sollen so aussehen wie Parmesan.

Fritz entscheidet sich für einen riesigen Schokoladenbecher. In dem Becher sind fünf Kugeln Schokoladen-Eis, verziert mit Schokoladensoße und Schokoladenspänen.

Opa Fritz entscheidet sich für ein kleines gemischtes Eis. Das sind drei Kugeln Eis: eine Kugel Erdbeer-Eis, eine Kugel Schokoladen-Eis und eine Kugel Vanille-Eis.

SCHNEEWEISSCHEN UND ROSENROT

Tuchfarben: weiß, rot
Signalwörter: weiß, rot

Das Märchen von Schneeweißchen und Rosenrot kennt heute fast keiner mehr. Die meisten Kinder wissen nicht, dass die beiden Schwestern ihre Namen von einem roten und von einem weißen Rosenbusch haben. Schneeweißchen und Rosenrot – wie war das noch? Irgendetwas mit einem Bären kam in dem Märchen vor. Und ein Zwerg – oder? Hatte der Zwerg auch eine rote Mütze und einen weißen Bart?

Um ehrlich zu sein, ich weiß es nicht mehr so genau. Ich weiß nur noch, dass ich als Kind ein dickes Märchenbuch mit einem dunkelroten Einband hatte. In diesem Märchenbuch war ein Bild von den beiden Schwestern. Sie standen auf einer grünen Wiese, und über ihnen strahlte der blaue Himmel ohne eine einzige weiße Wolke. Auf der Wiese wuchsen kleine gelbe Blumen, und dazwischen hatten sich einige Gänseblümchen mit weißen Blütenblättern verirrt.

Die Kleider von Schneeweißchen und Rosenrot haben mir als kleines Mädchen besonders gut gefallen. Das Kleid von Schneeweißchen war weiß mit roten Punkten, und das Kleid von Rosenrot war rot mit weißen Punkten. Schon als kleines Mädchen wusste ich, dass ich später einmal ein eben solches Hochzeitskleid tragen würde.

Als es dann so weit war und meine Hochzeit vor der Tür stand, sah ich rot, als ich durch die Brautboutiquen stöberte: Es gab einfach keine weißen Brautkleider mit roten Punkten und auch keine roten Brautkleider mit weißen Punkten. Ich weinte, bis das Weiße in meinen Augen rot wurde. Doch dann hatte mein Bruder die rettende Idee. Er bestellte ein weißes Designer-Brautkleid (das mindestens so weit ausgestellt war wie das von Schneeweißchen) und kaufte rote Textilfarbe. Und dann wurden von Hand rote Punkte auf das weiße Kleid gemalt.

Es gibt Leute, die es nicht verstehen können, wenn man ein solch teures Kleid bemalt. Ich hingegen war überglücklich. An meiner Hochzeit strahlte ich über beide Backen: Ich trug ein weißes Kleid mit roten Punkten, genau wie Schneeweißchen in meinem Märchenbuch mit dem roten Einband.

DAS EIGELB

Tuchfarbe: gelb
Signalwort: gelb

Das Eigelb ist des Deutschen liebstes Teil vom Ei. Einer neuen repräsentativen Umfrage zufolge essen siebzig Prozent der Deutschen das Eigelb lieber als das Eiweiß.

Ich nicht. Ich esse am liebsten Baiser. Nun habe ich mir gestern eine riesige Portion Baiser auf Vorrat gebacken und brauchte dafür zwanzigmal das Weiße vom Ei. Das Gelbe vom Ei brauchte ich nicht. Jetzt stehe ich in meiner butterblumengelben Küche und habe zwanzig Eigelbe. Was kann man denn bloß mit 20 Eigelben machen? Wenn ich daran denke, dass es tatsächlich Menschen gibt, die gelb vor Neid auf mein Eigelb wären, muss ich lächeln.

Ich frage meine Oma, was man mit so viel gelbem Zeug machen kann, und sie rät mir zu Eierlikör – doch da ich keinen Alkohol trinke, ist diese Idee auch nicht das Gelbe vom Ei. Meine Mutter hat eine bessere Idee: Sie gibt mir das Rezept für die zartgelbe Sauce Hollandaise, die ich so liebe. Es sollte heute Abend sowieso Spargel geben. Ich ziehe also meine grüne Schürze mit den gelben Herzchen an und mache mich daran, den Spargel zu schälen.

Während ich mir den Spargel angucke, frage ich mich, ob ich die Farbe des Spargels eher weiß, gelb oder beige nennen würde – wahrscheinlich streiten sich darüber auch die Gelehrten.

Für die Soße muss ich zuerst gelbe Butter in einem Topf zerlassen. Ich presse eine gelbe Zitrone aus. Den Saft der Zitrone muss ich mit etwas Wasser, dem Eigelb und Salz in einem Wasserbad cremig rühren. Dann wird die zerlassene, goldgelbe Butter tröpfchenweise untergerührt – und fertig ist die Hollandaise.

Als ich die herrlich gelbe Sauce Hollandaise über den Spargel gieße, verstehe ich endlich, warum die Deutschen so gerne Eigelb essen. Man kann wirklich leckere Dinge daraus zaubern. Aber zum Nachtisch gibt es Baiser, und der ist garantiert nicht gelb, sondern weiß.

BLAUMACHEN

Tuchfarbe: blau
Signalwort: blau

Herr Schmidt zieht seinen Blaumann an. Es ist Montag, und heute Morgen hat er überhaupt keine Lust zu arbeiten. Hinter ihm liegt ein langes Wochenende, an dem Herr Schmidt ganz schön blau war, und er hat immer noch einen Kater. Er überlegt nicht lange und beschließt, blauzumachen – schließlich hatte war das Wochenende sehr anstrengend, und es wird mal wieder Zeit für einen blauen Montag. Er ruft seinen Chef an und lügt das Blaue vom Himmel herunter. Er erzählt ihm, er hätte eine Grippe, Migräne und einen Hexenschuss. Nach dem Telefonat fragt er sich, ob er bei der Geschichte vielleicht ein bisschen übertrieben hat. Aber er glaubt nicht, dass sein Chef das merkt.

Sein Chef ist ein bisschen weltfremd, ein blaublütiger Sohn der Adelsfamilie von Blauenstein. Für Herrn Schmidt ist sein Chef aber immer noch „der Christoph" – schließlich sind die beiden zusammen zur Schule gegangen. Damals hatten sie aber nicht viel miteinander zu tun. Die Kinder der Familie von Blauenstein waren immer ein bisschen außen vor.

Einmal hat Christoph von Blauenstein Herrn Schmidt aber sehr geholfen. Ein Jahr vor dem Abschluss bekam Herr Schmidt einen blauen Brief: Er hatte Probleme in Mathematik und Philosophie. Weil er wusste, dass sein Vater ihn grün und blau schlagen würde, wenn er die Klasse wiederholen müsste, bat Herr Schmidt Christoph um Nachhilfe. Christoph von Blauenstein war damals ein Streber, aber er half Herrn Schmidt, ohne Geld dafür zu nehmen. Herr Schmidt konnte seine Noten verbessern und kam, ohne sitzenzubleiben, mit einem blauen Auge davon.

Als Herr Schmidt jetzt an diese Zeit zurückdenkt, bekommt er ein schlechtes Gewissen. Er zieht seinen Blaumann an und fährt so schnell, wie man es eigentlich nur mit Blaulicht darf, zur Arbeit.

STERNZEICHEN

Tuchfarbe: bunt
Signalwörter: die Bezeichnungen der Sternzeichen: Steinbock, Wassermann, Fische, Widder, Stier, Zwillinge, Krebs, Löwe, Jungfrau, Waage, Skorpion, Schütze

Unser Urlaub führte uns in diesem Jahr an die See und in die Berge. Damit waren alle Familienmitglieder zufrieden. Wir machten Wandertouren, Strandspaziergänge, Radtouren und das eine oder andere Mal auch Stadtrundgänge.
Auf unseren Strandspaziergängen begegneten uns viele Krebse. So viele Krebse auf einmal hatte ich noch nie gesehen. Sie gruben sich unter unseren Füßen durch den Sand – das kitzelte! Ein Krebs sah sogar aus wie ein Skorpion – aber die gibt es ja bekanntlich in unseren Breiten nicht. Trotzdem erzählte unser Sohn noch Wochen nach dem Urlaub allen Daheimgebliebenen stolz, er habe einen Skorpion gesehen und sei nicht weggelaufen!
Im Meer glitzerten Fische in den schönsten Farben. Ihre Schuppen spiegelten sich in der Sonne und strahlten in alle Richtungen. Einige Fischarten sah ich in diesem Urlaub zum ersten Mal, es war unglaublich spannend!
Meine Tochter las zu dieser Zeit gerade Bücher über Meerjungfrauen und war fest davon überzeugt, am Horizont einen Wassermann auf einem Stein sitzen zu sehen. Da sie so fasziniert war, ließen wir ihr die schöne Fantasie über Meerjungfrauen und Wassermänner und spielten die Geschichte mit. Fantasie und Wirklichkeit hielten sich die Waage, und so

mussten wir uns keine Sorgen machen, dass sie sich da in etwas verrannte oder schlecht von Wassermännern und Meerjungfrauen träumte.
Auf unserer Bergwanderung begegnete uns ein Steinbock. Tiere in freier Wildbahn zu sehen, ist immer ein besonderes Erlebnis. Einen Moment lang standen wir alle da und hielten inne. Dann drehte sich der Steinbock um und zog sich in das nächste Dickicht zurück. Unsere Kinder standen mit großen Augen da und staunten.
Viele Tiere, die wir in freier Wildbahn nicht sehen konnten, trafen wir einige Tage später im Zoo. Besonders gut gefielen uns die Löwen, die Widder und die Stiere. Die Tiere schienen in diesem Zoo glücklich zu sein – der Widder hatte glänzendes Fell, der Löwe lag gemütlich in der Sonne, und der Stier guckte sich entspannt und neugierig die Zoobesucher an. Wir konnten sogar zusehen, wie der Löwe geimpft wurde – der Tierpfleger war ein guter Schütze und schoss dem Löwen die Spritze mit dem Impfstoff zielgerichtet ins Hinterteil.
Schöne Augenblicke erlebten wir auch, als wir die Giraffenbabys besuchten. Es war ein Zwillingspärchen. Die beiden stolperten noch etwas unbeholfen durch ihr Gehege, waren aber die Attraktion des Tages – Giraffenbabys, und dann noch Zwillinge!
Unsere Kinder und wir hatten einen wirklich schönen Urlaub. Bei der Ankunft zu Hause sprudelten sie nur so heraus, was sie alles erlebt hatten.

AUF SEE

Tuchfarben: gelb, braun, blau
Signalwörter: Sonne (gelb), Schiff (braun), See (blau)

Unser erster Urlaub auf See stand vor der Tür. Schon wochenlang im Voraus hatten wir uns wahnsinnig darauf gefreut. Am Tag der Abreise waren wir alle so aufgeregt, dass wir sehr früh morgens aufstanden – wir konnten sowieso nicht mehr schlafen. Die Sonne schien schon vom Himmel, wir hatten Glück mit dem Wetter.

Da wir so zeitig aufgestanden waren, kamen wir viel zu früh an unserem Schiff im Hafen an. Wir gaben unser Gepäck ab und bummelten ein wenig über das Hafengelände. Die Seefahrt hatte Hochkonjunktur. An fast jedem Anleger waren Schiffe festgemacht. Große Schiffe, kleine Schiffe, Schiffe mit Segel, Motorboote und zwischendrin auch kleine Ruderboote. Die See platschte gegen die Anleger und glitzerte in der Sonne.

Wir gingen über den Bootssteg langsam zurück, vorbei an allen Schiffen. Unter uns plätscherte die See, über uns strahlte die warme Sonne.

Da wir immer noch Zeit hatten, beschlossen wir, einen Gang durch die kleine Hafenstadt zu machen. Die Läden hatten zwar noch nicht geöffnet, dafür konnte man aber in aller Ruhe die liebevoll dekorierten Schaufenster betrachten.

Natürlich gab es überall Schiffe zu kaufen – als Modelle, zur Dekoration oder Schiffe zum Spielen. Die Ansichtskarten von der See mit Sonnenuntergang gefielen uns besonders gut.

Wir bummelten weiter durch das kleine Städtchen und kamen an einem Café vorbei, das schon geöffnet hatte. Wir setzten uns an einen Tisch in der Sonne und tranken gemeinsam Tee und Kaffee. Das schmeckte herrlich, und die Sonne tat uns richtig gut.

Als der Kaffee leer war, machten wir uns langsam auf den Rückweg durch die strahlende Sonne Richtung See, wo unser Schiff lag.

Am Schiff angekommen, konnten wir endlich an Deck gehen. Das Gepäck hatte man bereits in unsere Kabinen gebracht.

Wir schauten uns neugierig überall um. Es war wirklich spannend, so über das Schiff zu streifen. Auf unserem Rundgang begleitete uns das stetige Rauschen der See.

Wir gingen nach oben an Deck, schnappten uns jeder einen Liegestuhl in der Sonne, legten die Beine hoch und genossen die Abfahrt in den lang ersehnten Urlaub auf See.

Ahoi!

KERZENSCHEIN

Tuchfarbe: gelb
Signalwort: Kerze

Schon bald beginnt die Adventszeit. Und damit beginnt auch wieder die schöne Zeit der Kerzen: große Kerzen, kleine Kerzen, dicke Kerzen, dünne Kerzen …

Abends wird es früh dunkel. Um die Dunkelheit schöner zu gestalten, zünden wir Kerzen an. Wir legen Teelichter in ein Glas oder auf einen Kerzenhalter und zünden eine Kerze im Stövchen an, um Tee und Kaffee warm zu halten. Der Kerzenschein erstrahlt in der Dunkelheit und wärmt unser Gemüt.

Kerzen gibt es mittlerweile nicht mehr nur in Rot oder Gold, Kerzen gibt es für jeden Geschmack und in allen Farben. Jeder kann Kerzen in seiner Lieblingsfarbe finden: blaue Kerzen, grüne Kerzen, lila Kerzen, silberfarbene Kerzen, Kerzen in Gelb, Orange und Braun. Der Klassiker unter den Kerzen bleibt aber immer noch die rote Kerze. Gerade auf dem Adventskranz mögen die meisten Menschen vier dicke rote Kerzen, Strohsterne, Zimtstangen und selbst bestickte Schleifenbänder.

Die Vorweihnachtszeit ist eine ganz besondere Zeit im Jahr. Jeden Sonntag wird im Kreis der Familie eine Kerze mehr auf dem Adventskranz angezündet, und man sitzt im

Kerzenschein beisammen. Zu keiner anderen Zeit im Jahr spielen Kerzen eine so wichtige Rolle für uns – und wir erinnern uns jedes Jahr gerne an die vorangegangenen Kerzenfeste zurück.

In vielen Familien gibt es an Weihnachten sogar einen Tannenbaum mit echten Kerzen. Es duftet nach Kerzenwachs und Streichhölzern – ein Duft, der viele Erinnerungen weckt.

Nach dem Familienfest schließt das Jahr am Silvesterfest mit Wunderkerzen ab. Kerzenlicht in vielen funkelnden Farben macht diese Nacht zu einer ganz besonderen!

Und es dauert gar nicht lange, dann beginnt sie von Neuem – die wunderbare, wärmende und besinnliche Zeit der Kerzen.

SCHAFFNER FÜR EINEN TAG

Tuchfarben: grün, rot
Signalwörter: halt (rot), los (grün)

Ich wollte schon immer einmal Schaffner sein. Alle hören auf den Schaffner. Wenn der Schaffner „los!" ruft, fährt der Zug ab. Wenn der Schaffner „halt!" ruft, bleibt der Zug stehen. Los und halt: Sage ich diese beiden Wörter, bewirken sie nicht halb so viel.

Als mein Mann heute Morgen nicht aus dem Bett kam, habe ich dreimal gerufen: „Los, beeil dich!" Aber es hat nicht geholfen. Auch das vierte „Los!" hat er einfach ignoriert und hat weitergeschlafen. Irgendwann ist er dann doch aufgestanden. Als er schlaftrunken in die Küche getorkelt kam, hatte ich den Deckel noch nicht auf der Kaffeekanne festgeschraubt. Doch er hob sie schon hoch, um sich eine Tasse Kaffee einzugießen. Ich schrie: „Halt!", doch es war zu spät: Der Kaffee ergoss sich bereits über den Boden.

Dann merkt auch mein Mann endlich, wie spät es war. Er sagte: „Wir müssen los. Los, beeil dich!" Man kann sich vorstellen, dass ich nicht gut auf ihn zu sprechen war. Trotzdem – als er seine Aktentasche vergaß, rief ich: „Halt!" Und als er mich mal wieder nicht hörte, trug ich sie ihm hinterher.

Wir beschlossen, mit dem Zug zu fahren, und hechteten zum Bahnhof. „Los!", hörten wir den Schaffner rufen, da waren wir noch nicht auf dem Bahnsteig. Wir riefen: „Halt!“, aber das interessierte den Zug nicht weiter.

Mein Mann und ich schauten uns an und mussten lachen. „Was ist heute bloß los?“, fragte mein Mann. „So ist das halt manchmal“, sagte ich.

DER GRAUE PANTHER

Tuchfarbe: grau
Signalwort: grau

Frau Irma Grau schaut in ihren Badezimmerspiegel. Früher waren ihre Haare mal blond, heute ist der ganze Schopf grau. Als sie nach draußen schaut, bemerkt sie, dass auch das Wetter regnerisch ist und der Himmel grau. Insgesamt könnte Irmas Laune besser sein. Vielleicht sollte sie mal wieder etwas unternehmen. Seitdem sie in Rente ist, kommt sie kaum noch vor die Tür. Dabei war sie doch früher keine graue Maus. Doch was macht man so als Rentnerin? Zu den „Grauen Panthern" gehen? Irma Grau muss schmunzeln. Da muss es doch noch eine bessere Alternative geben. Sie strengt ihre grauen Zellen an. Vielleicht sollte sie ihre Freundin Gertrud mal wieder anrufen.

Gedacht, getan. Gertrud freut sich sehr über den Anruf von Irma Grau und lädt sie prompt zum Mittagessen ein: Es gibt Graupensuppe. Irma schüttet Gertrud ihr Herz aus und erzählt ihr, dass es ihr manchmal graut vor der vielen freien Zeit, die man als Rentnerin hat. Gertrud versteht sie gut, auch sie kennt das Grauen, das einen als alleinstehende Rentnerin mit zu viel Zeit befallen kann. Sie stellen fest, dass sie beide in einer ähnlichen Situation sind. Deshalb beschließen sie, sich von nun an gemeinsam aus der Grauzone herauszuarbeiten und das Rentnerleben zu genießen.

Nur dafür, dass Irma ihre grauen Haare nicht mag, hat Gertrud wenig Verständnis. Sie sagt: „Spätestens nachts sind alle Katzen grau!"
Irma stört die Färbung ihres Haars trotzdem enorm. Sie fühlt sich unwohl mit diesem Zeichen ihres fortgeschrittenen Alters auf dem Kopf. Also beschließt sie, am nächsten Tag zum Friseur zu gehen. Wozu lebt man denn im 21. Jahrhundert? Die Friseurin hat Verständnis für Irma Graus Problem und übertönt die grauen Haare mit einem schicken Rot. Irma findet, dass sie richtig jung aussieht. Gar nicht wie eine graue Maus – und schon gar nicht wie ein grauer Panther.

KLASSISCHE BEWEGUNGSGESCHICHTEN

Bei den klassischen Bewegungsgeschichten wird mit dem Element der Pantomime gearbeitet: Die Teilnehmer sollen zum Text passende Bewegungen machen. Zur Anregung werden hier Bewegungen vorgeschlagen, die Sie der Gruppe vormachen können. Die vorgeschlagenen Bewegungen sind immer farbig hervorgehoben.

Die Teilnehmerinnen und Teilnehmer dürfen aber auch gern ihrer eigenen Kreativität freien Lauf lassen und sich selbst Bewegungen ausdenken. Die Vorstellungskraft und Assoziationsfähigkeit werden dabei gefördert.

Tragen Sie die Geschichten nach Möglichkeit frei vor und machen Sie dabei selbst Bewegungen zum Text. So können sich die Senioren auf Wunsch an Ihnen orientieren.

AUF DEM MARKT

Heute ist wieder Markttag. Das Wetter ist schön – die Sonne scheint vom blauen Himmel, und die Luft ist klar. Es duftet nach Sommer.

Wir stellen unseren Einkaufskorb auf den Küchentisch und legen einen Beutel und unser Portemonnaie hinein.
(Bewegung: Korb auf den Tisch stellen, den Beutel mit der rechten und das Portemonnaie mit der linken Hand in den Korb legen.)

Aus dem Schrank nehmen wir eine dünne Jacke und legen sie uns über die Schultern. Denn bis die Sonne richtig wärmt, dauert es noch ein bisschen …
(Schrank öffnen, eine Jacke herausnehmen und über die Schultern legen.)

Jetzt ziehen wir noch unsere Schuhe an, holen den Korb aus der Küche und nehmen den Schlüssel vom Schlüsselbrett.
(Schuhe anziehen, ein paar Schritte auf der Stelle gehen und den Korb vom Tisch nehmen. Nochmals einige Schritte gehen, den Schlüssel vom Schlüsselbrett nehmen.)

Noch einmal schauen, ob alle Fenster geschlossen sind und der Herd ausgeschaltet ist – dann können wir losgehen.
(Auf der Stelle gehen, dabei umherschauen.)

Wir ziehen die Haustür fest ins Schloss und schließen sie ab.
(Haustür fest heranziehen und abschließen.)

Schon auf dem Weg zum Markt treffen wir viele Bekannte und Nachbarn, die alle freundlich grüßen.
(Auf der Stelle gehen, mit Kopfnicken und Lächeln freundlich nach links und rechts grüßen.)

Das frische Obst duftet schon von Weitem. Herrlich!
(Nase in die Luft strecken und schnuppern.)

Ein Stück näher gekommen, können wir nun die leuchtenden Farben der vielen verschiedenen Obst- und Gemüsesorten sehen.
(Die rechte Hand schützend über die Augen halten und nach rechts und links in die Ferne schauen.)

Und allmählich hören wir auch die Verkäufer an ihren Ständen. Sie preisen ihre Waren an – lauthals!
(Eine oder beide Hände lauschend ans Ohr halten.)

Zunächst kaufen wir unser Obst. Wir brauchen fünf Äpfel … und drei Birnen.
(Mit der einen Hand fünf Äpfel und mit der anderen Hand drei Birnen in den Korb legen.)

Der Obstverkäufer gibt uns eine Weintraube zum Probieren. Sie schmeckt saftig und süß.
(Die Weintraube mit einer Hand annehmen und probieren.)

Kurz entschlossen lassen wir uns eine ganze Rebe geben und legen sie zu den Äpfeln und Birnen in den Korb. Jetzt müssen wir bezahlen.
(Die Rebe vorsichtig in den Korb legen. Portemonnaie öffnen und Geld geben.)

Weiter geht es zum Gemüsestand. Der Gemüsehändler hat heute besonders gute Laune. Er zeigt uns zuallererst seine frischen Kohlrabi.
(Auf der Stelle gehen. Dann die Kohlrabi entgegennehmen und anschauen.)

Sie sehen wunderbar aus. Wir legen zwei Knollen in unseren Korb.
(Mit rechter und linker Hand zwei Knollen in den Korb legen.)

Noch eine Gurke, einige Möhren, Sellerie und vier saftige rote Tomaten. Dann können wir bezahlen.
(Gemüse mit beiden Händen abwechselnd in den Korb legen, „bezahlen".)

So langsam wird der Korb schwer!
(Korb anheben, um zu spüren, wie schwer er ist.)

Angelockt von herrlich frischem Brötchenduft, gehen wir zum Bäckerstand.
(Nase in die Luft strecken und schnuppern, auf der Stelle gehen.)

Wir kaufen ein frisch gebackenes Brot. Das Brot legen wir in den Beutel und bezahlen. Dann machen wir uns, mit dem Korb in der rechten und dem Beutel in der linken Hand, langsam auf den Rückweg.
(Brot in die Tasche legen, „bezahlen", rechte und linke Hand einmal anheben.)

Wie immer kommen wir auf dem Nachhauseweg am Blumenstand vorbei. Die Blumen leuchten in den schönsten, kräftigsten Farben.
(Auf der Stelle gehen.)

Die orangefarbenen Tulpen gefallen uns heute besonders. Sie machen sich bestimmt gut auf dem Wohnzimmertisch!
(Stehen bleiben, die Blumen anschauen.)

Wir nehmen ein Dutzend Tulpen und legen sie vorsichtig in unseren Korb. Sie kosten acht Euro.
(Blumen vorsichtig in den Korb legen, „bezahlen".)

Erfüllt von den leuchtenden Farben, den herrlichen Gerüchen und in Vorfreude auf die saftigen Äpfel machen wir uns gemütlich auf den Heimweg.
(Langsam auf der Stelle gehen.)

RUNDER GEBURTSTAG

Mein Mann feiert morgen einen runden Geburtstag. Es wird ein großes Fest geben. Dazu sind Familie, Kollegen, Freunde und auch die Nachbarn eingeladen. Die Vorbereitungen sind schon in vollem Gange. Zunächst wird der Kuchen gebacken. Dazu geben wir Butter, Zucker und Eier in eine Schüssel.
(Mit der linken und rechten Hand die Zutaten in die Schüssel geben, Eier aufschlagen.)

Mit einem Mixer werden die Zutaten verrührt.
(Kreisende Bewegungen machen wie mit dem Mixer.)

Jetzt wiegen wir noch das Mehl ab, es sollen 300 Gramm werden. Einen Teelöffel Backpulver dazugeben und eine Prise Salz – denn an eine Süßspeise muss für den Geschmack immer eine Prise Salz.
(Mehl „abwiegen", Backpulver aus der Verpackung löffeln, eine Prise Salz mit den Fingerspitzen einrieseln lassen.)

Noch einmal rühren und dann den Teig in eine Springform geben.
(Erneut rühren und den Teig aus der Schüssel kratzen.)

Die Springform stellen wir in den Ofen und drehen den Knopf auf 180 Grad. Die Eieruhr stellen wir auf 45 Minuten.
(Den Ofen öffnen, dabei etwas vorbeugen und die Form hineinstellen. Den Regler des Backofens drehen, ebenso die Eieruhr.)

Bevor wir den Tisch decken, waschen wir uns die Hände.
(Wasserhahn anmachen und mit Seife die Hände waschen, dann abschütteln und Hände abtrocknen.)

Wir decken zuerst die Teller und stellen Untertassen dazu.
(Mit großen Bewegungen mit der rechten Hand die Teller auf den Tisch stellen, dann ebenso mit der linken Hand die Untertassen dazustellen.)

Dann werden die Kaffeetassen dazugestellt. Jeder bekommt auch noch ein Trinkglas.
(Mit rechts die Kaffeetassen und mit links die Gläser auf den Tisch stellen.)

Das Besteck reiben wir noch ein wenig mit dem Geschirrtuch ab und legen es dann auf den Tisch.
(Besteck mit einem Geschirrtuch polieren, zwischendurch immer gegen das Licht halten und auf „schmutzige Stellen" kontrollieren, ablegen.)

Auf der Anrichte werden die Teller für das Abendessen aufgestellt. Dazu legen wir die Gabeln, Messer und Suppenlöffel.
(Den schweren Tellerstapel auf die Anrichte stellen, das Besteck mit beiden Händen dazulegen.)

Die Servietten falten wir einmal in der Mitte und stellen sie nebeneinander in den Serviettenständer.
(Servietten falten und in den Ständer sortieren.)

Zwischendurch muss der Salat durchgemengt und abgeschmeckt werden. Dazu holen wir ihn zuerst aus dem Kühlschrank.
(Den Kühlschrank öffnen und die schwere Salatschüssel vorsichtig herausholen. Salat mischen.)

Mmh … noch ein wenig Salz und Pfeffer dazu – ja, das ist besser.
(Den Salat probieren, nachwürzen und nochmals probieren.)

Noch einmal durchmengen und ein wenig frisch gezupfte Petersilie als Garnierung darübergeben. Fertig.
(Salat mit beiden Händen durchmengen, Petersilie zupfen und drüberstreuen.)

Der Salat kommt zurück in den Kühlschrank.
(Kühlschrank öffnen und den Salat hineinstellen, die Tür wieder schließen.)

Gleich kommen die Kaffeegäste. Nun ist es Zeit, die Sahne zu schlagen und die Kaffeemaschine mit Wasser und Kaffeepulver zu füllen.
(Auf die Armbanduhr schauen. Sahne mit einem Mixer schlagen, dabei die Schüssel mit einer Hand festhalten. Wasser und Kaffeepulver in die Kaffeemaschine geben.)

Jetzt noch auf den Schalter drücken und die Kaffeemaschine anstellen.
(Mit dem Daumen den Schalter drücken.)

Die Gulaschsuppe steht für das Abendessen schon fertig auf dem Herd. Sie muss ebenfalls durchgerührt werden.
Dazu nehmen wir einen großen Kochlöffel aus der Schublade, heben den Deckel vom Topf und rühren kräftig um.
(Schublade öffnen und Kochlöffel herausholen. Schublade schließen. Deckel vom Topf nehmen und mit weiten Kreisen die Suppe umrühren.)

Einmal kosten – ja, die Suppe ist wirklich gut gelungen!
(Mit einem Löffel die Suppe kosten. Bei „Ja" nicken.)

Wir gehen gemeinsam in die Stube und schauen auf den gedeckten Tisch. Das Geschirr ist an seinem Platz, die Servietten sind gefaltet, Milch und Zucker stehen bereit, und der ganze Tisch ist mit wunderschönen bunten Blumen verziert.
(Auf der Stelle gehen, stehen bleiben. Die Hände in die Hüfte legen und rundum schauen.)

Wir zünden mit einem Streichholz die Geburtstagskerze an, atmen einmal tief durch und freuen uns auf die Gäste und eine schöne Geburtstagsfeier!
(Ein Streichholz entfachen und die Kerze anzünden. Tief durchatmen, lächeln.)

Herzlichen Glückwunsch!

EIN TAG MIT BERND, DEM BRIEFTRÄGER

Bernd ist Briefträger in einem kleinen Vorort von Hannover. Hier kennt er fast alle Einwohner beim Namen. Und die Einwohner kennen ihn natürlich auch.

Früh morgens geht Bernd zu Fuß zum Postamt. Von seinem Zuhause bis dorthin sind es nur zehn Minuten.
(Auf der Stelle gehen, einmal auf die Armbanduhr schauen.)

Dafür extra das Auto zu starten, hätte keinen Sinn. Außerdem ist Bernd gern zu Fuß unterwegs.
(Fiktiv ein Auto starten: Mit der linken Hand das Lenkrad festhalten und mit rechts den Zündschlüssel drehen.)

Beim Postamt angekommen, schließt er das Schloss von seinem Dienstfahrrad auf und schiebt es vor die Eingangstür.
(Etwas hinunterbeugen, Fahrradschloss aufschließen, dann mit den Armen Schiebebewegung machen.)

Dann geht Bernd ins Lager.
(Auf der Stelle gehen.)

Er sucht in den Regalen nach der Kiste mit den Briefen, die er heute austragen soll, und bringt sie zu seinem Fahrrad.
(Mit dem Finger suchend hin- und herfahren. Diese Bewegung mit dem Blick begleiten. Sich hochrecken und Kiste aus dem Regel nehmen. Mit der fiktiven Kiste in den Händen auf der Stelle gehen.)

Mit einem Ruck hebt Bernd die schwere Kiste auf den Gepäckträger. Dann schiebt er sein Fahrrad über den Hof.
(Kiste mit beiden Händen und einem „Ruck" auf dem Gepäckträger abstellen. Schiebebewegung machen und dabei auf der Stelle gehen.)

Kurz bevor er aufsteigt, winkt er mit der rechten Hand noch schnell seiner Kollegin Ute zu. Mit der linken hält er das Fahrrad gut fest.
(Mit der linken Hand festhalten, mit der rechten Hand winken.)

Dann steigt er auf und fährt los.
(Mit beiden Händen den Lenker halten und mit den Beinen im Sitzen „Fahrrad fahren". Leichtere Variante: auf der Stelle gehen.)

Das erste Stück an der Schule vorbei fährt er ganz gemütlich, aber als er auf den Feldweg einbiegt, zieht er das Tempo an.
(Erst langsamer, dann schneller treten und Oberkörper dabei etwas vorbeugen.)

Auf der linken Seite des Weges ist ein Rapsfeld zu sehen. Auf der rechten Seite beginnt der Wald.
(Weiter treten, zwischendurch erst nach links, dann nach rechts zeigen, Blick mitwandern lassen und Kopf entsprechend drehen.)

KAFFEEKLATSCH

Heute Nachmittag ist wieder Kaffeeklatsch! Und alle haben diesmal zugesagt: Frau Schmidt, Herr Ernst, Frau Müller, Frau Paschulke und Herr Meyer kommen um halb vier zu Besuch. Ich freue mich schon sehr!

Gestern Abend habe ich bereits die Torte gebacken. Ich habe die Zutaten abgewogen, den Teig geknetet, dann ausgerollt und in die Springform gegeben. Ich habe das Obst geschnitten und alles in der Springform verteilt.
(Zutaten abwiegen und in Schüssel geben, Teig kneten, dann ausrollen und in die Springform legen, andrücken, Obst schneiden und in der Form verteilen.)

Danach habe ich den Kuchen in den Ofen geschoben und die Temperatur eingestellt. Dann habe ich gewartet, bis er fertig war, und habe ihn wieder herausgeholt.
(Den Backofen öffnen, Kuchen hineinschieben, Backofenklappe schließen, Temperaturregler drehen. Mit dem Zeigefinger auf die Armbanduhr ticken. Mit verschränkten Armen einen Augenblick warten. Den Kuchen aus dem Ofen holen.)

Nun musste der Kuchen abkühlen.
In der Zeit habe ich die Sahne geschlagen und Sahnefest hinzugegeben. Schließlich habe ich die Sahne ganz gleichmäßig auf dem Kuchen verteilt.
(Mit der linken Hand das Gefäß festhalten und mit der rech-

ten Hand das Rührgerät im Kreis bewegen. Zwischendurch das Sahnefest einrieseln lassen, anschließend die Sahne auf dem Boden verteilen und glatt streichen. Wer möchte, darf die Quirle und den Löffel abschlecken!)

In den Kühlschrank damit – und fertig!
(Die Kühlschranktür öffnen, die Torte hineinstellen und wieder schließen.)

Nun ist es an der Zeit, den Tisch zu decken: Sechs Teller werden auf den Tisch gestellt.
(Sechs Teller mit großen Armbewegungen auf den Tisch stellen, dabei auf der Stelle gehen, als liefe man um den Tisch herum.)

Dazu kommen sechs Untertassen und darauf je eine Tasse.
(Mit der rechten Hand sechs Untertassen verteilen, mit der linken Hand darauf die Tassen stellen, dabei weiter auf der Stelle gehen.)

Ich falte nun für jedes Gedeck sorgfältig eine Serviette und lege sie auf die Teller.
(Auf dem Schoß sechs Servietten falten und dann auf die Teller legen. – Wer möchte, kann hier echte Servietten oder Tücher zum Falten benutzen.)

Nun noch Gabeln und Löffel dazulegen, und auch der Tisch ist fertig.

(Besteckteile auf den Tisch legen, dabei wieder auf der Stelle gehen, als liefe man um den Tisch herum.)

Es ist Zeit, Kaffee zu kochen. Ich gehe in die Küche zur Kaffeemaschine und nehme die Kanne aus der Maschine.
(Auf die Uhr schauen und auf der Stelle gehen, die Kanne aus der Maschine nehmen.)

Weiter geht es zum Spülbecken, wo ich den Hahn aufdrehe und Wasser in die Kanne laufen lasse. Heute kann ich sie ganz voll machen!
(Weiter mit der Kanne in der Hand auf der Stelle gehen, dann stoppen, Wasserhahn aufdrehen und die Kanne eine Weile darunterhalten. Hahn zudrehen.)

Ich gehe zurück zur Kaffeemaschine und lasse das Wasser in den Behälter laufen. Die Kanne stelle ich wieder in die Maschine.
(Auf der Stelle gehen, anhalten und das Wasser in die Maschine gießen.)

Links oben im Schrank sind Kaffeepulver und Filterpapier.
(Rechten Arm nach oben ausstrecken und mit dem Zeigefinger nach links zeigen.)

Ich nehme Filterpapier und Kaffeepulver mit der rechten Hand heraus und stelle beides neben die Maschine.
(Zweimal hintereinander links oben nach etwas greifen und rechts neben sich stellen.)

Zuerst lege ich das Filterpapier ein. Danach werden acht gehäufte Löffel Kaffeepulver vorsichtig hineingegeben.
(Filterpapier einlegen und acht Löffel Kaffee abzählen: Mit einer Hand die Dose halten, mit der anderen löffeln.)

Nun schalte ich die Maschine ein.
(Schalter drücken.)

Jetzt nur noch das Filterpapier und die Kaffeedose zurück in den Schrank räumen. Fertig!
Mit der linken Hand Filterpapier und Kaffeedose einzeln nach oben in den Schrank zurückstellen. Dabei den Arm weit nach oben ausstrecken.)

Anschließend gehe ich in die gute Stube zurück und zünde schon einmal die Kerzen an. Da schellt es an der Tür …
(Auf der Stelle gehen, stehen bleiben, fiktiv ein Streichholz entzünden und die Kerzen anzünden.)

Tipp: Für eine Bewegungseinheit mit Menschen mit Demenz können Sie die Geschichte etwas abkürzen und bei „Es ist Zeit, Kaffee zu kochen“ beginnen.

VÖGEL FÜTTERN

Heute hat es geschneit. Wir beschließen, das Futterhaus für die Vögel aufzustellen. Dafür müssen wir das Vogelhaus zuerst suchen. Wir steigen die Treppe in den Keller hinab.
(Auf der Stelle gehen, mit einer Hand am Treppengeländer festhalten.)

Im Keller schauen wir uns gründlich um. Wir suchen in jeder Ecke.
(In alle Richtungen schauen, sich abwechselnd ein wenig hinunterbeugen und dann nach oben strecken.)

Dann entdecken wir das Vogelhaus. Es steht hinter einem Holzstapel. Wir heben es aus der Ecke heraus.
(Ein wenig vorstrecken und das Vogelhaus mit beiden Händen aus der Ecke herausheben.)

Dann steigen wir mit dem Vogelhaus unter dem Arm die Kellertreppe wieder hinauf.
(Auf der Stelle gehen, dabei die Füße wie beim Treppenlaufen anheben, mit einer Hand am Geländer festhalten.)

Wir stellen das Vogelhaus ab, ziehen uns eine Jacke an und nehmen das Vogelhaus wieder in die Hand. Dann öffnen wir die Terrassentür, um in den Garten zu gehen.
(Vogelhaus abstellen, fiktiv in eine Jacke schlüpfen. Dann Vogelhaus wieder zur Hand nehmen, eine Tür öffnen, wenige Schritte auf der Stelle gehen, Tür schließen.)

Wir gehen mit dem Vogelhaus in den Händen bis in die Mitte des Gartens und stellen es dort auf.
(Auf der Stelle gehen, dabei Vogelhaus in den ausgestreckten Händen halten. Vogelhaus abstellen.)

Wir gehen zurück in die Küche und suchen das Vogelfutter in den Küchenschränken.
(Auf der Stelle laufen, Terrassentür auf- und wieder zumachen, weitergehen. Dann langsam links und rechts, oben und unten fiktive Schranktüren öffnen, dabei den Blick und den Kopf nach Möglichkeit mitwandern lassen.)

Wir entdecken das Vogelfutter im obersten Schrank und erreichen es, in dem wir die Arme heben und uns strecken.
(Arme weit nach oben strecken und nach dem Vogelfutter greifen.)

Wir gehen mit dem Vogelfutter zu dem Vogelhaus in den Garten und füllen das Futter hinein.
(Auf der Stelle gehen, Terrassentür auf- und zumachen, weitergehen, das Vogelfutter in das Vogelhaus hineinschütten.)

Jetzt können die Vögel kommen. Guten Appetit!

ZUM WEINFEST GELADEN

Morgen beginnt das alljährliche Weinfest im Dorf. Die Vorbereitungen dafür haben schon vor Wochen begonnen. Heute fallen noch die letzten Arbeiten an.

Alle sind schon seit dem frühen Morgen auf den Beinen und laufen geschäftig hierhin und dorthin, nach links und rechts.
(Auf der Stelle gehen, dabei die Arme mitbewegen; Geschwindigkeit variieren.)

Es gibt wirklich noch viel zu tun. Tische müssen getragen werden – am besten zu zweit –, und Stühle müssen dazugestellt werden.
(Mit dem Sitznachbarn gemeinsam mit beiden Händen – fiktiv – einen Tisch tragen, dabei auf der Stelle gehen. Danach Stühle rücken.)

Die Tischdecken liegen bei Müllers auf dem Dachboden. Dorthin kommen wir nur mit der Leiter. Wir steigen langsam und vorsichtig Stufe für Stufe hinauf. – Ein gebrochenes Bein können wir nun wirklich nicht gebrauchen!
(Langsam eine fiktive Leiter hinaufklettern; die Füße dabei möglichst hoch anheben. Die Hände greifen abwechselnd nach den Leitersprossen.)

Nach kurzem Kramen – der Müller'sche Dachboden ist wirklich nicht der ordentlichste – haben wir Erfolg: Da sind die Tischdecken!

(Suchend umherschauen, dabei den Kopf in Blickrichtung langsam mitdrehen. Wenn möglich, zwischendurch bücken oder leicht hinunterbeugen.)

Wir klemmen uns die Tischdecken unter den Arm und klettern die Leiter vorsichtig Stufe für Stufe hinunter.
(Langsam die Leiter hinabklettern, dabei mit den Händen mitgehen und zwischendurch prüfend nach unten schauen.)

Bis zum Dorfplatz ist es nicht weit. Mit den Tischdecken unter dem Arm machen wir uns auf den Weg und gehen das Stück zu Fuß.
(Auf der Stelle gehen.)

Angekommen. Wir legen die Tischdecken auf einem der Tische ab und fangen an, sie jeweils auseinanderzufalten, aufzuschütteln und aufzulegen.
(Die Tischdecken ablegen, auseinanderfalten, aufschütteln und auf die Tische legen.)

Dann prüfen wir, ob jede Decke auch wirklich in der Mitte des Tisches liegt. – Fertig.
(Decken auf dem Tisch fiktiv etwas hin- und herschieben.)

Heinz Schäfer braucht Hilfe mit den Girlanden. Natürlich helfen wir gern. Die Girlanden werden quer über die Straße gespannt. Dazu werden sie an den Straßenlaternen befestigt. Auch hierfür brauchen wir eine Leiter. Die holen wir aus dem Schuppen der Schulzes.

(Auf der Stelle gehen. Tür aufmachen, hineingehen, Leiter heraustragen und die Tür wieder schließen.)

Wir stellen die Leiter an die Laterne und klettern vorsichtig hinauf. Die Girlande nehmen wir mit.
(Leiter anstellen und langsam hinaufsteigen. Dabei Füße so hoch wie möglich anheben. Hände greifen gleichzeitig abwechselnd nach den Leitersprossen.)

Oben angekommen, binden wir die Girlande fest.
(Mit den Fingern festbinden.)

Dabei müssen wir darauf achten, dass wir mit Heinz Schäfer auf der anderen Seite auf derselben Höhe sind. Das sieht gut aus!
(Prüfend Blick nach hinten werfen.)

Von hier oben haben wir einen wunderbaren Ausblick auf den Dorfplatz. Unten steht schon ganz viel Geschirr auf einem Tisch, und das Wichtigste darf natürlich auch nicht fehlen – der Wein! In Fässern und in Flaschen … Es sieht jetzt schon richtig gemütlich aus.
(Nach unten Ausschau halten: Blick schweifen lassen und Kopf langsam mitdrehen.)

Langsam steigen wir die Leiter wieder hinunter.
(Langsam auf der Stelle gehen, die Hände greifen dabei abwechselnd nach den Leitersprossen.)

Da kommt auch schon Marianne mit der Tischdekoration. Auf die Tische kommen Teelichte in kleinen Gläsern, Weinranken, echte Weinreben und Servietten.

In die Mitte von jedem Tisch legen wir eine Serviette. Dann legen wir ein Teelicht in ein Kerzenglas und stellen das Kerzenglas auf die Serviette.
(Serviette auffalten und in die Mitte des Tisches legen. Ein Teelicht in das Kerzenglas legen und das Kerzenglas auf den Tisch stellen.)

Die Weinranken legen wir über den ganzen Tisch. Dazwischen werden die Reben gelegt. Fertig.
(Die Weinranken mit beiden Armen auf dem Tisch drapieren. Reben dazwischenlegen.)

So, nun schnell nach Hause und noch die Hemden frisch aufbügeln!
(Schnell auf der Stelle gehen, Regler des Bügeleisens drehen, bügeln.)

Für heute Abend machen wir uns richtig fein! Wir freuen uns auf Wein, Musik, Tanz und ganz viel Spaß!

MUSCHELN SAMMELN

Heute unternehmen wir einen kleinen Spaziergang am Strand. Auf unserem Spaziergang möchten wir Muscheln sammeln.

Es ist ein schöner Sommertag, und wir riechen den frischen Duft des Meeres. Wir genießen die zarte Brise, die unsere Nase umweht, und atmen tief ein und wieder aus.
(Schnuppern, dann tief ein- und ausatmen.)

Damit der Sand nicht in unsere Schuhe rieselt, ziehen wir die Schuhe und Socken aus.
(Fiktiv Schuhe und Socken ausziehen.)

Jetzt laufen wir ein Stück am Strand entlang. Dabei genießen wir es, den Sand unter unseren Füßen zu spüren.
(Langsam auf der Stelle gehen.)

Nun haben wir die ersten Muscheln entdeckt. Es sind einige Herzmuscheln, die uns gut gefallen. Wir heben sie auf und legen sie in unsere Tasche.
(Sanft vorbeugen oder bücken, nach den Muscheln am Boden greifen, Muscheln in die Taschen stecken.)

Dort, wo das Meer ganz sanft über den Strand spült, haben wir weitere Muscheln entdeckt. Wir gehen schnell dorthin …
(Schnell auf der Stelle gehen.)

Auch diese Muscheln heben wir auf und legen sie in unsere Taschen.
(Sanft vorbeugen oder bücken, nach den Muscheln greifen, Muscheln aufheben und in die Taschen legen.)

Das Meerwasser umspült unsere Füße. Wir spritzen ein bisschen mit dem Wasser.
(Fiktiv Wasser mit den Füßen hochspritzen.)

Weil es so erfrischend ist, waten wir im knöcheltiefen Wasser weiter.
(Auf der Stelle gehen und die Füße dabei etwas höher heben.)

Dann sind wir genug erfrischt und freuen uns über die schönen Muscheln, die wir heute gefunden haben. Unsere Füße sind ganz nass. Gut, dass wir ein Handtuch dabei haben. Damit trocknen wir die Füße sorgfältig ab.
(Einen Fuß nach dem anderen etwas anheben und fiktiv abtrocknen.)

Wir ziehen unsere Socken und Schuhe wieder an und verabschieden uns vom Meer.
(Fiktiv erst die Socken und dann die Schuhe wieder anziehen. Mit beiden Händen winken.)

SPAZIERGANG IM SCHNEE

An einem kalten, trockenen Wintertag machen wir uns auf zu einem Spaziergang im Schnee.

Die Sonne scheint, der Schnee glitzert in ihrem Licht. Wir binden unseren Schal um, setzen eine Mütze auf und ziehen die Jacke an.
(Fiktiv Schal umbinden, Mütze aufsetzen, in die Jacke schlüpfen.)

Den Reißverschluss der Jacke ziehen wir bis oben zu – es ist kalt draußen!
(Reißverschluss schließen und bis oben zuziehen. Den Oberkörper mit beiden Armen umschlingen und bibbern oder mit den Zähnen klappern.)

Auf den Eingangsstufen liegt Schnee. Wir müssen vorsichtig gehen, um nicht auszurutschen.
(Sachte und langsam auf der Stelle gehen, dabei aufmerksam auf den Boden schauen.)

Auf dem Gehweg ist der Schnee schon etwas festgetreten, da lässt es sich etwas leichter laufen.
(Gemütlich auf der Stelle gehen.)

Wir biegen rechts ab auf den Feldweg. Dort liegt mehr Schnee – frischer Schnee von heute Nacht. Hier müssen wir die Füße schon etwas anheben, um gut voranzukommen.
(Nach rechts auf den Boden zeigen, anschließend auf der Stelle gehen und dabei die Füße etwas höher heben.)

Und hier, ein Stück weiter, wird der Schnee noch ein wenig höher. Da kommt man langsamer vorwärts.
(Die Füße noch mehr anheben und langsamer auf der Stelle gehen.)

Es duftet nach Schnee, Wald und kalter Luft. Links am Wegesrand liegen einige stabile Äste. Die kann man gut als Wanderstock benutzen.
(Nach links unten schauen, sich sanft vorbeugen oder bücken und fiktiv einen Ast aufheben. Weitergehen und dabei den Wanderstock schwenken.)

Ein Stück weiter liegt ein dicker Baumstamm. Hier können wir eine kurze Teepause einlegen. Das tut gut!
(Den Po kurz anheben. Fiktiv Teeflasche aus der Tasche nehmen, aufschrauben, genießerisch einen Schluck trinken.)

Weiter geht's! Hier liegen überall Äste herum. Durch den Schnee kann man sie nur schwer erkennen, deswegen müssen wir vorsichtig sein und ein wenig klettern.
(Auf den Boden schauen. Dabei weiter auf der Stelle laufen und die Füße möglichst hoch heben.)

Nun können wir wieder schneller fahren. Doch halt! Da ist eine Ampel! Sie ist rot, und wir müssen anhalten.
(Sich wieder in die Kurven legen und das Lenkrad dabei drehen. Mit den Füßen bremsen und kuppeln und sich dabei kurz vorlehnen, evtl. auch mit der rechten Hand den Schaltknüppel bedienen.)

Nachdem ein Fußgänger die Straße überquert hat, wird die Ampel grün, und wir können weiterfahren.
(Gas geben, schalten.)

Wir nehmen noch eine scharfe Linkskurve und eine scharfe Rechtskurve.
(Lenken und sich in die Kurven legen.)

Nun sind wir am Ende unserer kleinen Spritztour angelangt. Wir bremsen, machen den Motor aus und schnallen uns ab. Schön war's!
(Mit den Füßen fiktiv Bremse und Kupplung treten, mit der rechten Hand Schaltknüppel bedienen, dann Zündschlüssel drehen und abschnallen.)

BEWEGUNGSGESCHICHTEN RUND UM DIE KÖRPERTEILE

Die Senioren sitzen in einem Stuhlkreis. Immer, wenn in der Geschichte „bewegliche" Körperteile vorkommen wie z. B. Arme, Hände, Finger, Beine, Füße, Zehen, der Kopf etc., dann werden diese Körperteile von den Teilnehmern bewegt.

Auf nicht-bewegliche Köperteile wie Augen, Nase, Mund, Haare, Hals, Ohren etc. zeigen die Senioren mit dem Finger. Wenn vom Po die Rede ist, heben alle das Gesäß einmal kurz an und setzen sich dann wieder.

Neben der Beweglichkeit werden hier besonders die Aufmerksamkeit und Reaktionsfähigkeit trainiert.

MIT HÄNDEN UND FÜSSEN

Wenn ich morgens aufstehe, strecke ich mich als Erstes genüsslich. Dafür strecke ich meine rechte Hand und meine linke Hand weit nach oben. Auch meine Füße strecke ich weit aus. Erst den rechten Fuß und dann den linken Fuß.

Wenn ich aufgestanden bin, mache ich gerne einen kleinen Morgenspaziergang. Dafür schlüpfe ich in meine Schuhe – zuerst mit dem linken Fuß und dann mit dem rechten Fuß. Mit der rechten Hand öffne ich die Haustür. Mit der linken Hand ziehe sich sie wieder zu. Jetzt noch abschließen. Den Schlüssel drehe ich mit der rechten Hand um.

Dann treffe ich in der Regel Frau Meyer, unsere geschwätzige Nachbarin. Damit sie mich nicht in ein Gespräch verwickeln kann, winke ich ihr aus der Ferne mit der linken Hand. Dann gehe ich los und setze den rechten Fuß vor den linken Fuß – immer abwechselnd.

Unterwegs begegne ich Herrn Schneider mit seinem Dackel Waldi. Ich streichele Waldi mit der rechten Hand und er schleckt mir dankbar diese rechte Hand ab. Dass mich ein Hund ableckt, mag ich nicht so gerne. Unauffällig wische ich meine rechte Hand an meiner Hose ab. Dann verabschiede ich mich und winke Herrn Schneider zum Abschied mit der linken Hand. Ich setze weiter stetig den rechten Fuß vor den linken Fuß.
Meistens sind am Morgen viele meiner Nachbarn unterwegs.

Ich winke Frau Thiel mit der rechten Hand und Herrn Lehmann mit der linken Hand.

Wenn ich wieder zu Hause bin, drehe ich den Schlüssel im Türschloss mit der rechten Hand, öffne mit der linken Hand die Tür und schließe sie hinter mir mit der rechten Hand. Dann streife ich die Schuhe vom rechten Fuß und vom linken Fuß. Bevor ich mir ein leckeres Frühstück mache, lege ich kurz beide Füße hoch und die Hände in den Schoß.

MARIA UND DIE VIERBEINER

Maria ist in einem großen Haus mit Garten aufgewachsen. Sobald sie laufen konnte, trugen ihre kleinen Beine sie tagein, tagaus über die große grüne Wiese hinter dem Haus. Ihr stetiger Begleiter war Oskar, der Familienhund. Oskar war ein Schäferhund. Als Maria noch klein war, war er gut zwei Köpfe größer war als sie. Doch ihr machte das wenig aus. Dort, wo Oskars Füße hinliefen, liefen auch ihr Füße hin. Klatschte Maria zweimal in die Hände, kam Oskar mit seinen langen Beinen sofort angelaufen.

Oskar war sehr aufmerksam. Seine Ohren bewegten sich immer genau in die Richtung, in der Maria gerade spielte oder schlief. Manchmal schliefen auch beide gleichzeitig. Ein besonders schönes Bild war es, wenn Maria ihren Kopf auf Oskars Bauch legte oder wenn Oskar seine Pfote beschützend über ihren rechten Arm legte. „Ein Bild für die Götter", sagte ihre Mutter dann immer, und ihre Augen strahlten vor Rührung.

Maria liebte Oskar. Und sie liebte alle Tiere. So kamen im Laufe der Zeit noch einige Haustiere im Hause Schulze dazu. Besonders die Vierbeiner hatte es ihr angetan.
Als Maria in die Schule kam, hatte sie bereits zwei Katzen – eine mit einem braun gestreiften Rücken und eine schwarze mit einem kleinen weißen Fleck auf der Nase. Dazu kamen noch drei Meerschweinchen und zwei Kaninchen. Beide Kaninchen hatten zwei verschiedenfarbige Ohren: Das eine

hatte ein dunkelbraunes und ein weißes Ohr, das andere ein schwarzes und ein hellbraunes Ohr. Beide hatten einen schwarzen Fleck am Po.

Zusammen mit den Meerschweinchen hoppelten die Kaninchen mit Maria über die große grüne Wiese, so weit, wie ihre Beine sie trugen. – Allen voran natürlich Oskar, der mit erhobenem Kopf und wachem Auge darauf achtete, dass alle zusammen blieben.
Immer wenn Marias Papa sich das Treiben von der Terrasse aus anschaute und die vielen Beine zählte, die da über die Wiese liefen, verzog er seine Lippen zu einem Schmunzeln. In Gedanken kratzte er sich mit dem rechten Zeigefinger an der Stirn und sagte zu sich: „Noch ein oder zwei Vierbeiner dazu, und wir leben wie auf einem Bauernhof!"
Tatsächlich kamen drei Jahre später noch ein Schwein und eine Kuh dazu. Maria war einfach verrückt nach Tieren!

ZWEI LINKE HÄNDE

Hans hat zwei linke Hände – da gibt es leider nichts zu beschönigen. Die handwerklichen Arbeiten, die im und um das Haus anfallen, liegen somit im Aufgabenbereich seiner Frau Claudia. Hans ist Bankangestellter, er kann wunderbar mit Zahlen umgehen. Hans vergleicht auch beim Einkaufen blitzschnell die Preise. Seine Augen überfliegen dabei nur kurz die Schilder. Deshalb ist die Aufgabenverteilung bei Hans und Claudia etwas anders als in deren Bekannten- und Freundeskreis. Da hat es schon öfter vor Verwunderung den einen oder anderen offenen Mund, zuckende Schultern oder rollende Augen gegeben.
Heute hat Hans allerdings etwas Besonderes mit seinen Händen vor. Claudia ist mit den Frauen ihres Dämmerschoppens für zwei Tage im Sauerland. Als Überraschung möchte Hans für Claudia in der Waschküche ein Regal aufhängen. Hans ist sicher, dass Claudia ihm vor Freude um den Hals fallen wird, denn sie hat schon lange davon gesprochen, aber nie die Zeit dafür gefunden, das Regal aufzuhängen.
Schon vor dem Frühstück ist Hans aufs Rad gestiegen. Er hat kräftig mit den Füßen in die Pedale getreten und ist in den Baumarkt gefahren, um die passenden Schrauben zu holen. Das konnte er.
Auf dem Rückweg wehte ihm ein kräftiger Wind um die Nase. Als er zu Hause ankam, waren seine Wangen ganz rot, und die Muskeln in seinen Oberschenkeln schmerzten ein wenig. Mit einem frisch gebrühten Kaffee auf der Zunge und einem Marmeladenbrötchen im Bauch ging es ihm aber

schon wieder gut. Er stieg gut gelaunt die Kellertreppe hinunter, einen Fuß nach dem anderen.
Nun steht er hier: in der rechten Hand die Schrauben, in der linken Hand den Bohrer. Das Regal klemmt zwischen seinen Beinen. Schnell wird ihm klar, dass er so nichts bewirken kann. Deshalb legt er Werkzeug und Regal erst einmal auf den Boden neben seine Füße. „Wasserwaage!“, schießt es ihm auf einmal durch den Kopf. Schnell findet er sie im Werkzeugkeller und geht mit leichtem Fuß zurück in die Waschküche.
Hans werkelt mit Händen und Füßen. Schweiß tropft ihm von der Stirn, und nicht nur einmal schlägt er sich mit dem Hammer auf die Finger.
Am Nachmittag hängt das Regal. Mit vor der Brust verschränkten Armen betrachtet er mit seinen Augen das Kunstwerk. „Ein wenig schief ist es schon“, murmelt er durch die fast geschlossenen Lippen, als er sich das Regal mit zur Seite geneigtem Kopf anschaut. Probehalber stellt er den Korb mit den Wäscheklammern darauf. Er rutscht nicht zur Seite! Hans ist zufrieden. So schief kann das Regal also nicht sein!
Das war genug Arbeit. Den Rest des Tages verbringt Hans mit dem Gesäß auf dem Sofa, liest Zeitung und schaut sich die Nachrichten an.
Am nächsten Tag präsentiert er seiner Liebsten mit stolz geschwellter Brust sein Meisterwerk. Einen kurzen Augenblick steht Claudia vor dem Regal und schaut es sich aufmerksam an.
Mit einem Schmunzeln auf den Lippen gibt sie Hans dann einen dicken Kuss auf die Wange.

DIE ERSTE FAHRT

Gestern habe ich endlich meine Führerscheinprüfung bestanden. Mit schweißnassen Händen saß ich im Auto und fuhr durch die Stadt. Ich war so nervös! So aufgeregt war ich schon lange nicht mehr. Selbst meine Füße zitterten auf dem Gaspedal, von meinen Knien wollen wir gar nicht reden …
Zwischendurch hatte ich das Gefühl, dass sich mein Magen einmal rechtsherum und dann wieder linksherum dreht. Nachdem die Autobahnfahrt glücklich hinter mir lag und ich mit wachem Auge eingeparkt hatte, war es dann aber endlich geschafft: Ich hielt meinen Führerschein in beiden Händen! Mein Fahrlehrer klopfte mir mehrmals auf die Schulter, und ich machte vor Freude einen so hohen Luftsprung, dass mir beim Aufkommen auf dem Boden die Füße wehtaten.
Ich verabschiedete mich mit einem Handschlag, sprang auf mein Fahrrad und trat mit beiden Beinen in die Pedale, um schnell nach Hause zu kommen. Meine Mutter erwartete mich schon ungeduldig. Als ich ihr freudig um den Hals fiel, wusste sie sofort Bescheid. In ihrem linken Augenwinkel sah ich eine kleine Freudenträne aufblitzen. Ich war froh, es geschafft zu haben, und konnte die Erleichterung in meiner Brust förmlich spüren.
Die nächste große Prüfung stand allerdings noch bevor. Am Abend wollte ich eine Probefahrt mit Vaters Auto machen. Für Vater war das Auto sein Ein und Alles, er hegte und pflegte es wie seinen Augapfel. Als ich in den vergangenen Tagen davon schwärmte, nach der bestandenen Prüfung endlich mit dem Auto fahren zu dürfen, sah ich, wie

seine Augenbrauen nervös zuckten. Mehr ließ er sich nicht anmerken.

Vater kam gestern Abend später als sonst nach Hause. So aßen wir erst zu Abend und mussten das Fahren auf nach dem Essen verschieben. Es war aber noch genug Zeit, schließlich war ich alt genug, um auch später schlafen zu gehen.

Bevor er mir den Schlüssel in die Hand gab zögerte Vaters Arm ein wenig. Doch schließlich hielt ich den Schlüssel in den Händen. Vater setzte sich mit seinem Po auf den Beifahrersitz und stellte ihn erst einmal für seine Beinlänge ein. Normalerweise sitzt er ja nur auf der Fahrerseite. Meine Mutter hat keinen Führerschein.

Plötzlich wurde ich auch wieder aufgeregt, meine Hände schwitzten, und auf meiner Stirn bemerkte ich auch einige Schweißperlen. Ich fuhr langsam und mit Bedacht. Meine Füße gewöhnten sich schnell an das unbekannte Auto. Und auch das Gesicht meines Vaters entspannte sich nach einiger Zeit, als er merkte, dass ich gut mit seinem Auto zurechtkam. Nach zehn Minuten lösten sich sogar seine verkrampften Finger vom Haltegriff.

Als ich schließlich mit aufmerksamem Auge in unsere Garage hineinfuhr, merkte ich, wie sich auch die Schultern meines Vaters entspannten.

Nachdem wir ausgestiegen waren, machte ich die Tür mit meiner linken Hand zu, schloss ab und hielt Vater mit der rechten Hand den Schlüssel hin. Er klopfte mir anerkennend auf die Schulter und sagte: „Behalt ihn noch! Vielleicht möchtest du ja gleich noch allein eine kurze Ausfahrt machen!“